老子
的智慧之道

[法]米里亚姆·亨科 著
[法]热罗姆·梅尔-毕什 绘　张璐 译

道可道,非常道;名可名,非常名。

——老子

传说周王朝时期，在一个炎热的月明之夜，一颗彗星从遥远的星球飞来，掠过地球，身后划过一道光，引得繁星竞相闪烁。一名年轻的女子正端坐在茅屋前，凝望着星空。她被眼前这瑰丽的一幕深深震撼，一不小心吞下了口中的李子核。很快，女子就怀孕了。过了很久，她产下一个婴儿，取名为李耳，字聃（dān）。奇怪的是，婴儿长着一副老人的面孔，还有一对下垂的长耳朵。

李聃慢慢长大，逐渐展现出非凡的智慧。他遇事从不武断，始终谨慎稳重。人们夸赞他平和谦逊的态度，可他只是淡淡地说："道可道，非常道。"

"这个孩子定是龙的孩子。"村民们议论纷纷。

李聃听见村民的话,微微一笑:

"你们觉得我是龙的孩子?龙可是伸展长长的身体、隐在云朵后面游走的威严神物。与想冲上云霄的雄心壮志相比,还是脚踏实地的谦逊态度更为可靠。而且,龙究竟是何物,我并不清楚。在古代典籍中,并没有确切的有关龙的记载,况且妄图给万物定下秩序,是多么自大的事情!"

于是,大家不再叫他李聃或者李耳,改称他为"老子",意思是"老智者"。

老子喜欢细细地品味大千世界。他在稻田边漫步，在长满银杏和桑树的山岩阴影里闲庭信步，在翠绿的平地和陡峭的斜坡上游走，甚至一路漫游到了国家的最北边。在那里，山尖上终年不化的皑皑积雪让他明白了人类是多么渺小，自己也不过是世间万物中的一粒尘埃而已。

生活中最常见、最简单的事物也能让老子赞叹不已。他一面观察农民的生活，一面想：

"车轮里面有三十根辐（fú）条，可正因为车轮里有中空的地方，车才能行驶。陶罐也是一样，正是有了罐子里中空的部分，陶罐才能盛水。造屋子的时候，如果只是开窗凿门，没有屋内的空间，那又有何用处呢？所以说，事物的'满'给人便利，可事物的用处源于'空'或者'无'。"

老子的同窗们都觉得他的想法很有道理。尽管很多人没有听懂，但他们还是学着老子的模样说话，因为他的想法惊世骇俗，完全颠覆了前人的思想。年轻人激动不已，将老子的教诲口口相传，这些智慧的箴言如山泉一般奔涌而出。

周平王为了重振国风,决定将都城迁至洛邑(今河南洛阳),还设置了各种机构和官职。大约两百年后,老子在这里成了一名守藏室的史官,跟几个弟子一起,掌管着刚刚建立的周王藏书阁,负责管理国家的藏书和公文。

当时,整个国家内有很多个大的诸侯国。因为西周统治者实行了分封制,将封地分给子嗣,他的子嗣便成为诸侯;而诸侯死后,封地又被其子嗣瓜分;子嗣死后,子嗣的子嗣再瓜分封地。最后,整个国家都由很多小诸侯占据着。曾经的周王治国是建立在诸侯分治的局面之上的,可如今这样的局面却带来了动荡和衰败,周王室就像一个躺在床上的人,双脚正慢慢被小虫蚕食,动弹不得。

老子从藏书阁的窗户向外望去,看到的是奄奄一息的周王朝。有时,他还能看见一位面色凝重的老者,正在菊花盛开、彩蝶飞舞的宫中花园内散步。

这位老者正是众人敬仰的孔子。老子看出孔子一筹莫展、十分忧虑，心里明白，此时的周王虽是强者，却缺乏内心的力量。他统治国家，却不懂自控，过于心急，往往做出愚蠢甚至危险的决定。

"真正的强者可以对抗犀牛和猛虎，"老子想，"因为强者会控制自己的欲望，这样就不再恐惧死亡。反过来，终日惶恐不安的人只能是弱者。"

可惜周王是个遇事冲动的人，不能担起治国的大任。他治下的国家如同一颗美味的果实，随时会被别人占有享用。

　　一天,孔子来到周王的藏书阁,老子接待了他,并送来了他想阅读的典籍。于是,孔子开始谈起对《春秋》的见解,他的谈吐既优雅又不乏洞察力。他谈到已故君王的智慧,谈到必须对人民进行道德教育,他让老子要相信人的本性中有"惠"(宽厚)与"义"(公平)。

　　老子拱手作揖答道:"'惠'与'义'也好,'善'与'孝'也罢,皆非人性自然,而是人为创造出来的。"

孔子也向老子作揖说:"谁能无拘无束,跟飞鸟野兽一同生活?谁又不想以中庸之道达到和谐,建立完美的秩序?"

老子回答:"恰恰相反,是先有了万物的自然秩序,才有这种和谐。装了满满一碗水的人还不如懂得适可而止、不会把水洒出来的人。锋利的宝剑无法长久保持其锋芒。金玉满堂,也不可能永久守藏。"

孔子的脸上浮现出一丝微笑。从没有人说过这样的话。

于是他问道:"倘若人的所有行为最终都会导致纷争不和,那我们是否应该无所作为呢?"

老子回答说:"天之道并非单纯的无为,而是主动的无为,也就是遵循事物的自然规律去行事。天下之物中水是最柔弱的,可它却能冲刷出道路,而一旦道路形成,水便会自行退去。道就如水一般。"

"既然如此,通向道的路又在何方?"孔子又问。

老子重复着当年说过的那句话,仿佛在说给自己听:"道可道,非常道。我没法指明道,你也无法遵从道。"

孔子被这席话深深震撼了。离开藏书阁后,他连着一个月都一言不发,就连他最爱的雅乐也不能让他开心起来。难道真的像老子所说,人性中根本没有"义"?"孝悌"和"忠信"也无法建立秩序?

　　这些年来,整个国家愈加腐败。于是老子决定远离那些看似高深的学说,出发去寻找道。

周王见老子放弃了高官厚禄,选择去过居无定所的贫穷生活,感到颇为诧异:"我忠诚的守藏史啊,我已经尽量给了你优待,你还有什么不满意的?"

老子叩拜了周王，然后说："我们过分在乎自己了，我们还总爱谄媚他人。为何总要追求功名、权力或是财富？人们狩猎虎豹只为夺其美丽的兽皮，人们抓来猴子只因为它足够机敏，人们饲养家犬只是为了牧羊赶牛。积攒钱财之人会与邻人不和，自己内心也会焦虑不安；追求功名之人很可能会名誉尽损。头衔与财富让人自我封闭；而智慧之人可以超越局限，顺应宇宙之道，在无限中寻回自我。"

老子回到藏书阁，向弟子们宣布，自己决定隐居。他没有提及将要去哪里，只说要向西行。弟子们认为老子此行是要抛弃他们。

他们说："先生，多年来，你教导我们永恒之道，道在西方还是在宫中，难道有什么不同吗？我们如此敬爱你，你为何要离开我们？"

老子回答说:"尊敬师长比爱师长容易,爱师长比将他们遗忘容易,将他们遗忘比被他们遗忘容易。你们努力敬重老师、忠于老师,但这反而违背了你们本性中的美德。拥有至高荣誉的人应该超越所有荣誉,拥有最多财富的人应该超越所有物质财富,拥有最高追求的人应该超越所有功名。道是永恒不变的。"

众多的弟子想要跟随老子西行，可机智的老子就像过河时从不把尾巴沾湿的狡猾狐狸一样，骗过了所有弟子。他骑在水牛的背上，慢慢消失在森林里，独自一人踏上了重新认识世界的旅程。

第二天,天还灰蒙蒙的,泛白的晨曦慢慢浮现,借着昏暗的光线,只能看见万物的轮廓,还辨认不出它们究竟是什么。随后,最初的几缕阳光在银白色的云朵边缘闪闪发光,很快,太阳终于一跃而出。老子放下了宫中的重担,感觉四肢无比轻盈。自然恒久不变,他的命运已定,如同四季更迭,井然有序。

"走吧!我们走!"他对水牛说,"希望通往道的路上没有障碍!有了道,一切皆有可能;没有道,一切皆无可能!"

对于今天的小柏拉图们来说，大柏拉图们的存在也是幸事。让他们和这些大柏拉图交朋友，他们会发现自己并不孤独，历史上最伟大的头脑都是他们的同伴。当然，他们将来未必都成为大柏拉图，这不可能也不必要，但是若能在未来的人生中坚持仰望星空，他们就会活得有格调。

我相信，走进哲学殿堂的最佳途径是直接向大师学习，阅读经典原著。我还相信，孩子与大师都贴近事物的本质，他们的心是相通的。让孩子直接读原著诚然有困难，但是必能找到一种适合于孩子的方式，让小柏拉图们结识大柏拉图们。

这正是这套丛书试图做的事情。选择有代表性的大哲学家，采用图文并茂讲故事的方式，叙述每位哲学家的独特生平和思想。这些哲学家都足够伟大，在人类思想史上产生了巨大而深远的影响，同时也都相当有趣，各有其鲜明的个性。为了让读者对他们的思想有一个瞬间的印象，我选择几句名言列在下面，作为文章的结尾，它们未必是丛书作者叙述的重点，但无不闪耀着智慧的光芒。

苏格拉底：未经思考的人生不值得一过。

伽利略：怀疑是真理的开端。

泰勒斯：水是万物之本源，万物终归于水。

老子：道可道，非常道。

牛顿：如果我看得比别人更远，那是因为我站在巨人的肩膀上。

尼采：成为你自己。

毕达哥拉斯：万物皆数。

让小柏拉图结识大柏拉图

周国平 / 文

我喜欢这套丛书的名称——《小柏拉图》。柏拉图是西方哲学的奠基者，他的名字已成为哲学家的象征。小柏拉图就是小哲学家。

谁是小柏拉图？我的回答是：每一个孩子。老柏拉图说：哲学开始于惊疑。当一个人对世界感到惊奇，对人生感到疑惑，哲学的沉思就在他身上开始了。这个开始的时间，基本上是在童年。那是理性觉醒的时期，好奇心最强烈，心智最敏锐，每一个孩子头脑里都有无数个为什么，都会对世界和人生发出种种哲学性质的追问。

可是，小柏拉图们是孤独的，他们的追问往往无人理睬，被周围的大人们视为无用的问题。其实那些大人也曾经是小柏拉图，有过相同的遭遇。一代代小柏拉图就这样昙花一现了，长大了不再想无用的哲学问题，只想有用的实际问题。

好在有幸运的例外，包括一切优秀的科学家、艺术家、思想家等等，而处于核心的便是历史上的大哲学家。他们身上的小柏拉图足够强大，茁壮生长，终成正果。王尔德说："我们都生活在阴沟里，但我们中有些人仰望星空。"这些大哲学家就是为人类仰望星空的人，他们的存在提升了人类生存的格调。

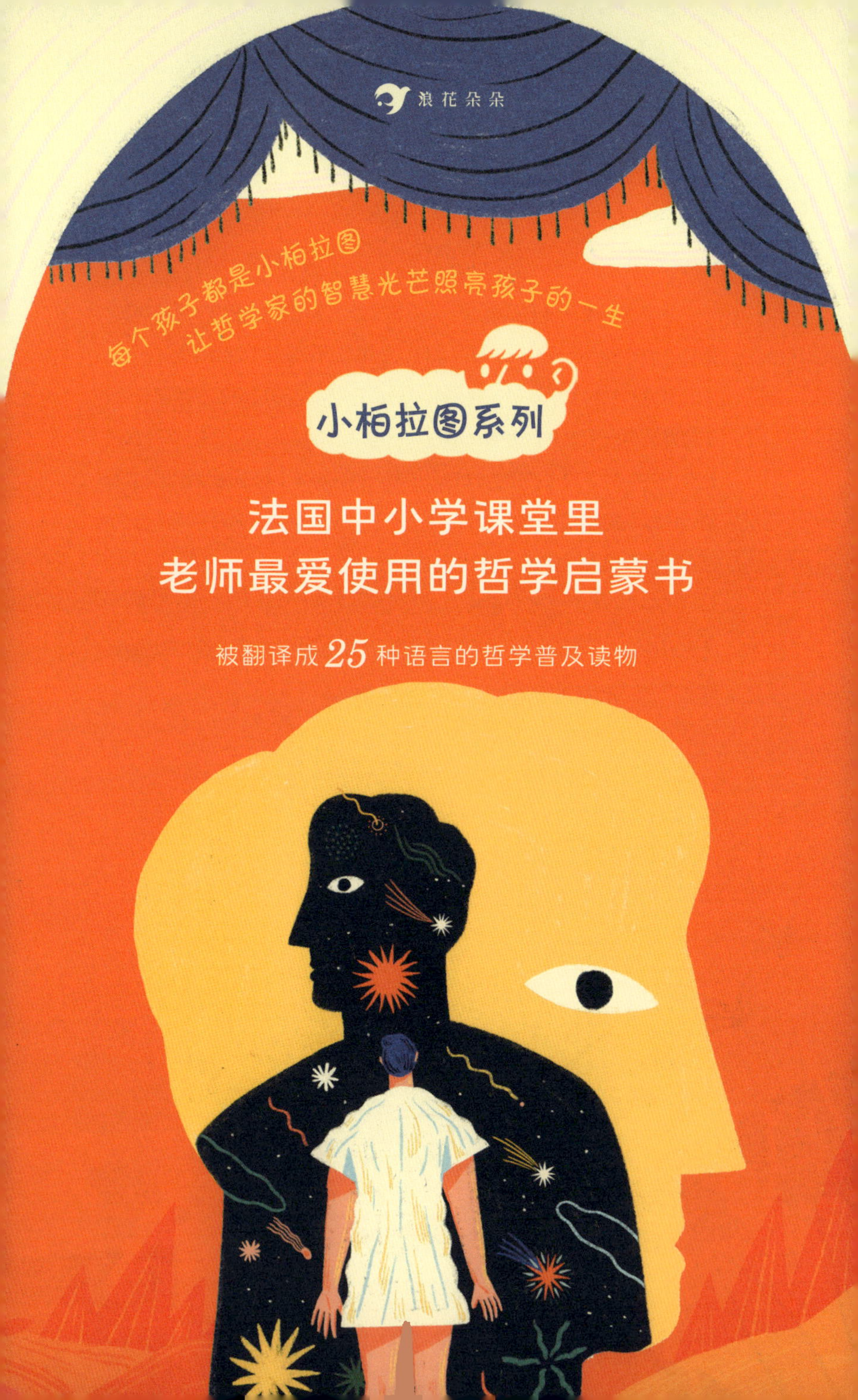
浪花朵朵
每个孩子都是小柏拉图
让哲学家的智慧光芒照亮孩子的一生
小柏拉图系列
法国中小学课堂里
老师最爱使用的哲学启蒙书
被翻译成25种语言的哲学普及读物

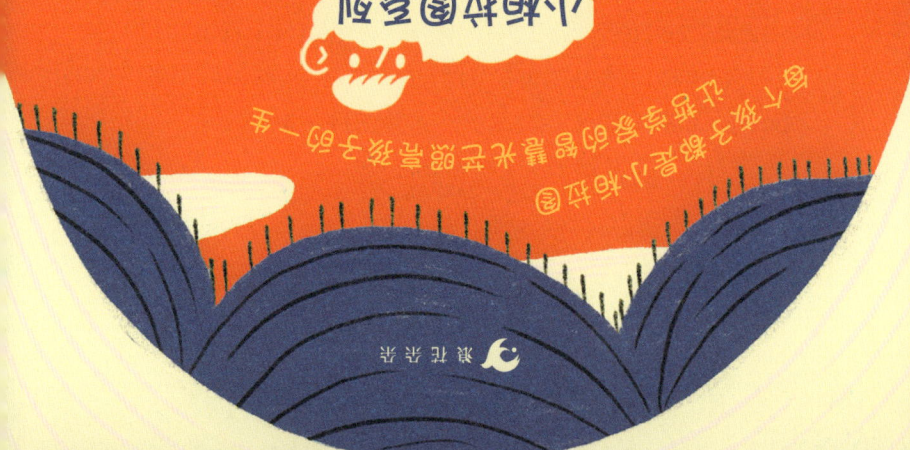

春去秋来，老子看遍了辽阔国土上千变万化的景色。他带着好奇的眼光，如同第一次凝视世界般打量着一切。路上，他见到了牛儿和马匹的生动之美，它们宛如非凡的天地杰作。它们矫健的四蹄和滑亮的毛发，是上天的馈赠；可马头上的笼头、牛鼻子上的铁环，都是被人安上的。这些做法都违背了事物原来的规律，在老子看来，是可鄙的行为。

29

很多年过去了，天地间，无数燕子与黄鹂鸟陪伴过老子行路。

在一个炎热的午后，老子和水牛刚刚走过一条闷热的峡谷，沿着满是岩石的崎岖小道向山上爬，想找一处阴凉地休息。他们越爬越高，只听得一阵嘈杂声传来，那声音虽然细微，但是非常可怕。老子听出了战马的嘶吼声、官兵的号令声，随之而来的还有刀剑冰冷的撞击声和箭矢嗖嗖射出的声音，有如冤魂在哭泣。

老子的水牛竖起耳朵，黑色的大眼睛紧盯着前方，仿佛在犹豫要不要冒险爬上峭壁。来到山的另一面，老子看见两支军队正兵戎相见。战马的铁蹄扬起尘土旋风，仿佛用一层无法穿透的薄纱包裹着士兵。因为距离太远，老子看不清战况，可浓重的血腥气却阵阵袭来。两方的王侯都希望借军队之力改变命运，这让老子心痛不已。夜幕降临之前，无数将士都将战死沙场，可在宇宙平静的往复循环之中，对他们所献身的大业没有一点意义。

"武器是伤痛之器，尊重生命的人都要蔑视它。以杀戮为手段的人又怎么会尊重生命呢？"老子想。

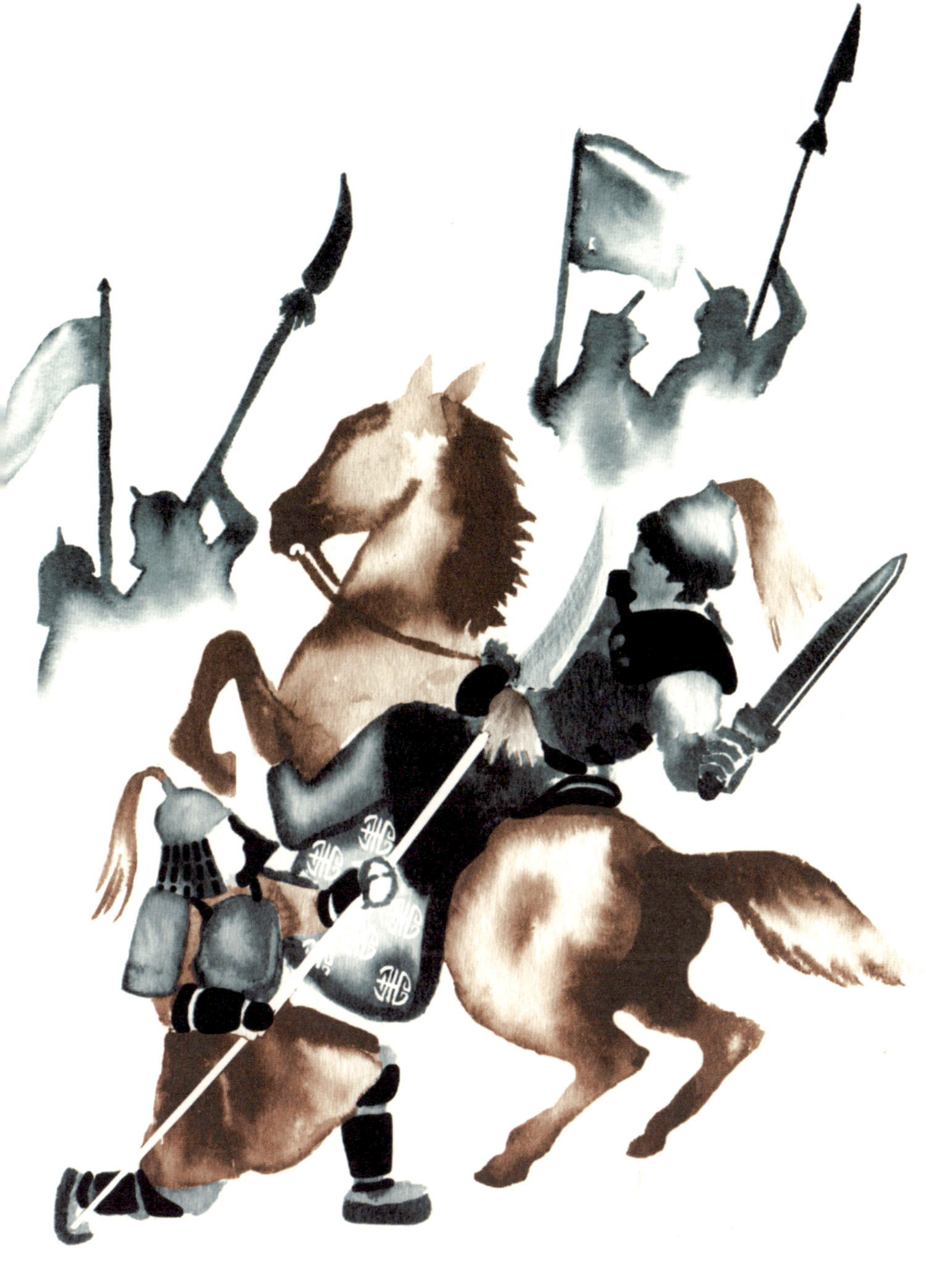

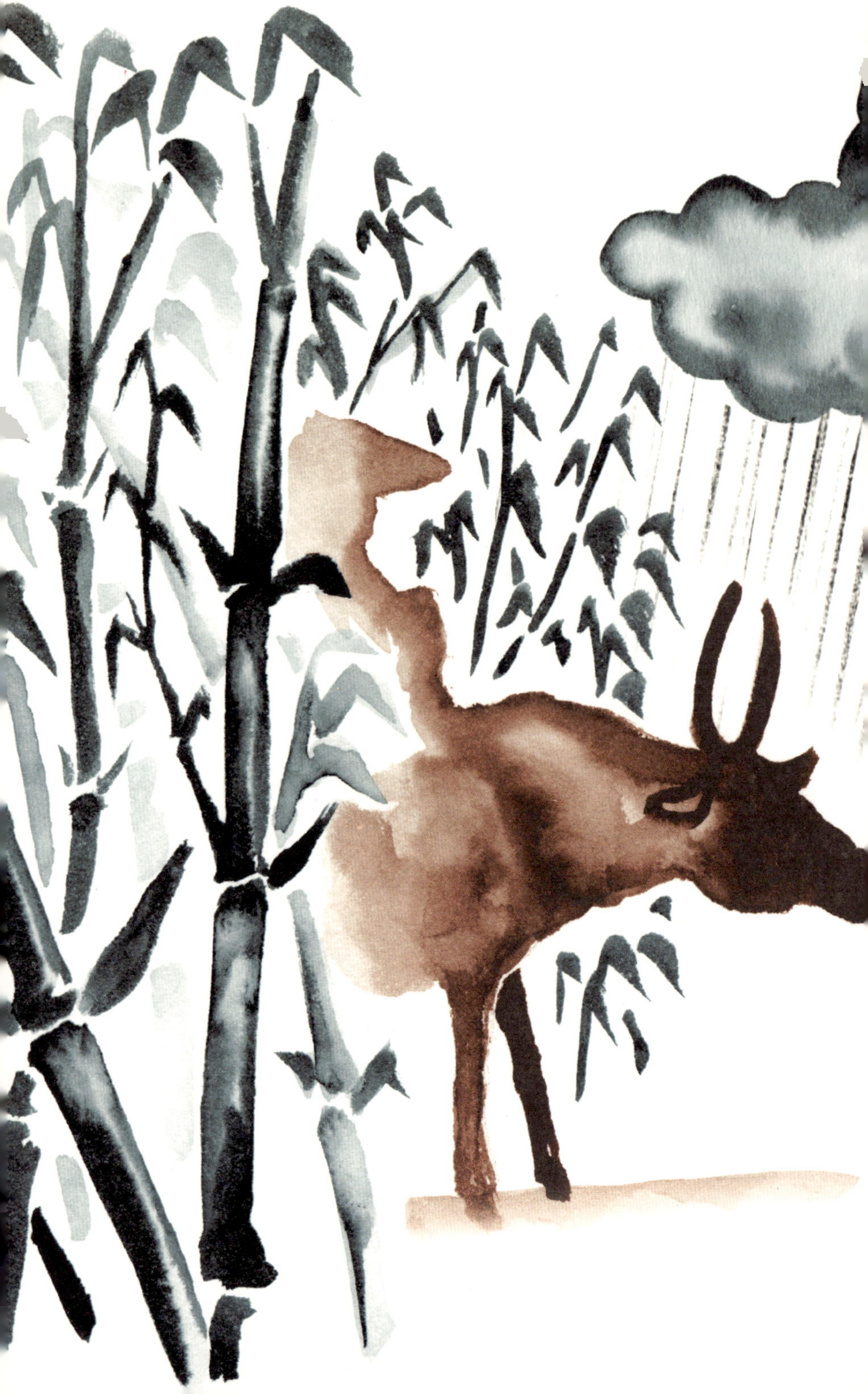

傍晚时分，乌云密布，雷声轰鸣，暴风雨即将来临。老子来到一片竹林，林边的一圈小矮竹被倾盆大雨打得直颤。大雨很快就停了，这让老子想起了宫中大臣曾说过的话：狂风骤雨固然猛烈，可持续不久，只有天地才是永恒的。

　　所以，为了找到道、顺应道，就不应在人言中迷失。水滴从他头顶的竹叶上簌簌滚落，发出单调的滴答声，水牛缓缓地向前走。这是个好兆头。

天黑了，老子在竹林中间找到一片空地，准备歇息。他尽情地闻着在夜色中腾起的泥土香气，蜷起身子，靠在水牛毛茸茸的背上，望向天空。很快，老子就睡着了。睡梦中，他来到了一个从未探索过的世界，就像龙在春天从冬眠中醒来，从深渊中腾空飞去一般。

奶白色的月亮照亮了山丘。老子在有与无之间飘浮，飞过了鲜花盛开的山顶，来到只有鸟儿能飞往的天穹。他恍惚中仿佛看到了道，于是在小朵小朵的云上走了起来。

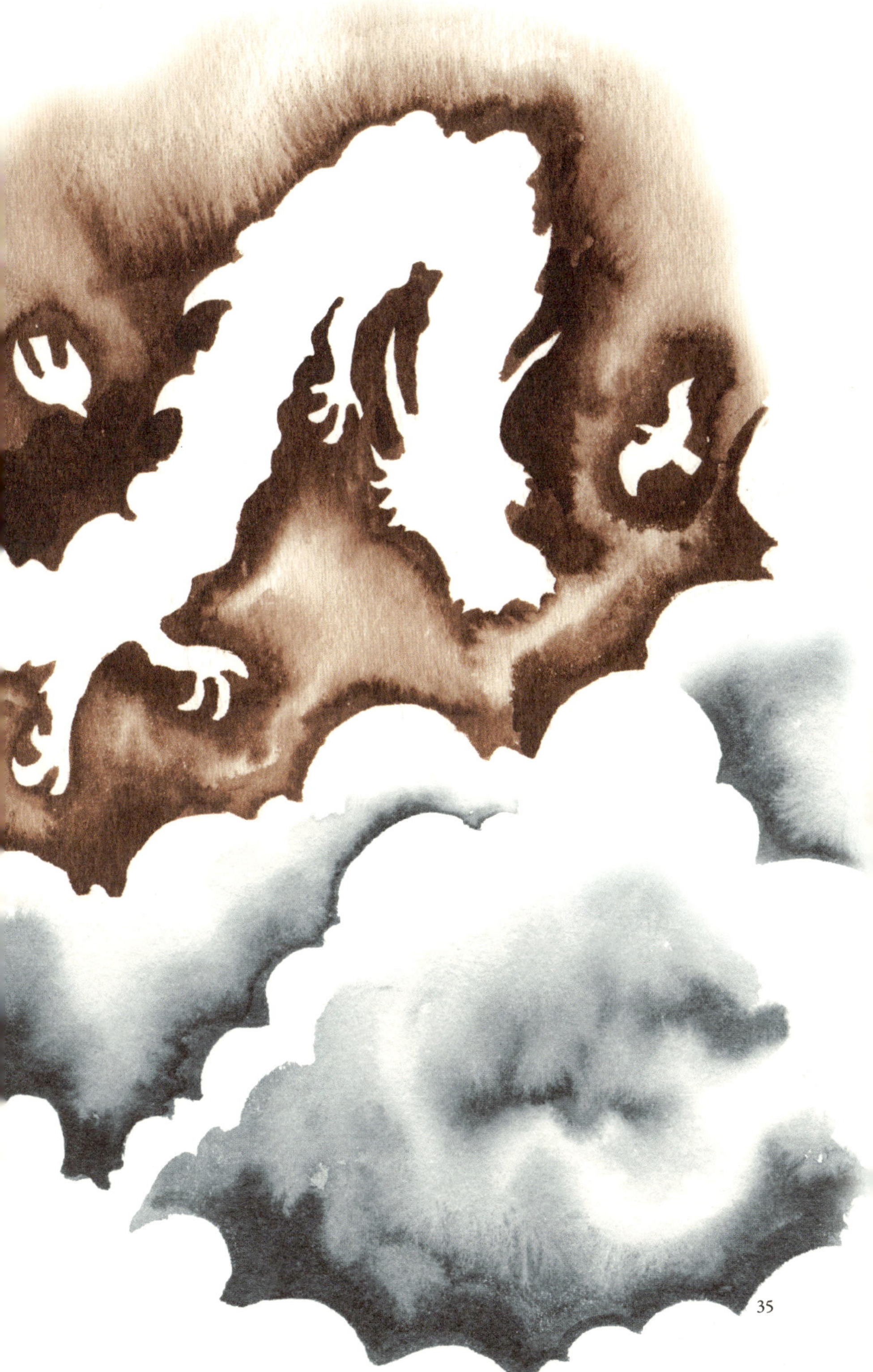

老子脚下的云朵瞬息万变，转眼奇妙地变成了软乎乎的一大团。他一路向西前行，那里万物的颜色显得更加明亮。

小路蜿蜒向上，两侧长满了松树，高山上方圆百里一个人影也没有——这里是被众先王的卫队横扫过的地方，早已没了人烟。老子走在一层松针上，小松针如水花般溅在了他的鞋子上。很快，他便来到了峭壁投下的阴影中。

一位老妇人正坐在白柳下的草地上，手中捧着一个水罐。老子向她行礼，询问小路通向何方。老妇人睁大了双眼盯着他，用风中枯叶般的沙哑声音回答道："我是河神，这条路不通向任何地方。"

"你说的河是什么河？"老子问。

"我守的河就在我手中的水罐里，可我随时都能将河放出来。这条河，就是道。遵从道，你就可以得到水一般至高的美德——善待一切，温柔地渗入万物。"

37

老子继续沿着小路向前走,无论春夏秋冬,从不停歇。一路上,呼啸的大风拍打着山巅。他走啊走,终于走到一座岩洞前,一只金猴守在洞口。

老子啊，我等你已经等了五十年，
想想我在这里是多么寂寞，
孤独地守在这洞口！
这里从没有人踏足，
我上次开口是在二十多年前，
跟我说话的还是一只豪猪。

随后，金猴纵身一跃，消失在了黑暗的洞穴里，眨眼间又出现在老子身边，仿佛在叫他跟上自己。

他们一同走进洞里，金猴终于有了同伴，兴奋得直打转，讲起故事来：

你听过井底之蛙的故事吗？
一只青蛙对海龟说：
"我很幸福。我想出去，就跳到井边；
想回来就跳到井底，在洞里休息。
我跳进水里，水会将我托住；
我跳到岸边，四脚刚好可以插进泥里！
生活在我周围的毛虫、蚊子、螃蟹，
都不能与我相提并论。
能拥有一口井的水，发掘这里所有的快乐，
再没有比这更幸福的生活了！"
海龟向它描述大海的浩瀚：
"海面之大，用千万里也无法丈量，
大海之深，千万只海龟也无法到达。
大海之极乐在于永恒不变，
无论海水倒灌入江河，还是蒸发入云，
爱恨之浪在海面浮动，
海面之下却是永恒的寂静。"
你能想象到青蛙的反应吗？
人能掌握的知识是有限的，
就像那只满足于现状的青蛙一样，
你们所讲的道理、你们精妙的言论，
还有你们的智慧，都只能存在一时，而非永恒。

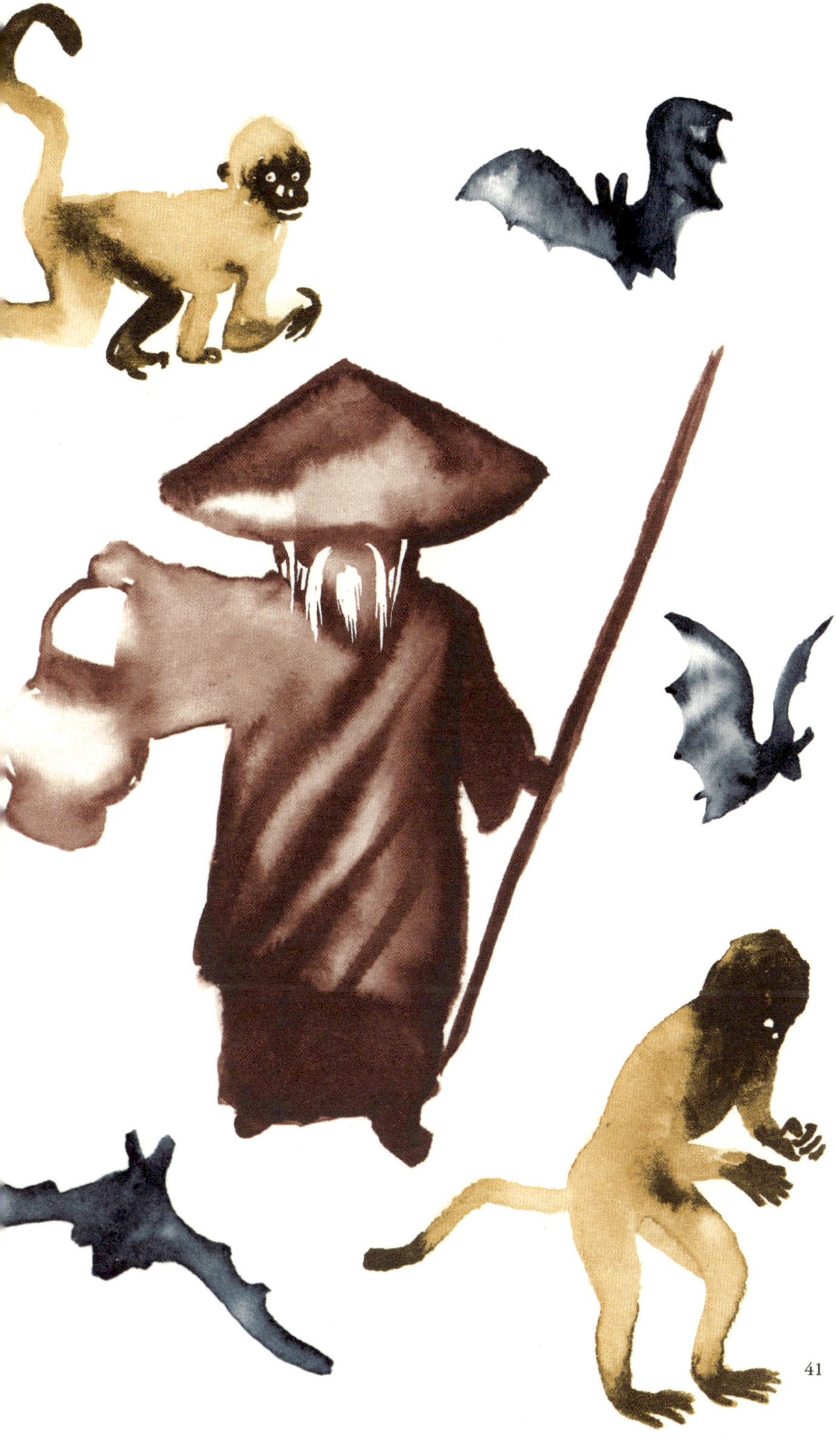

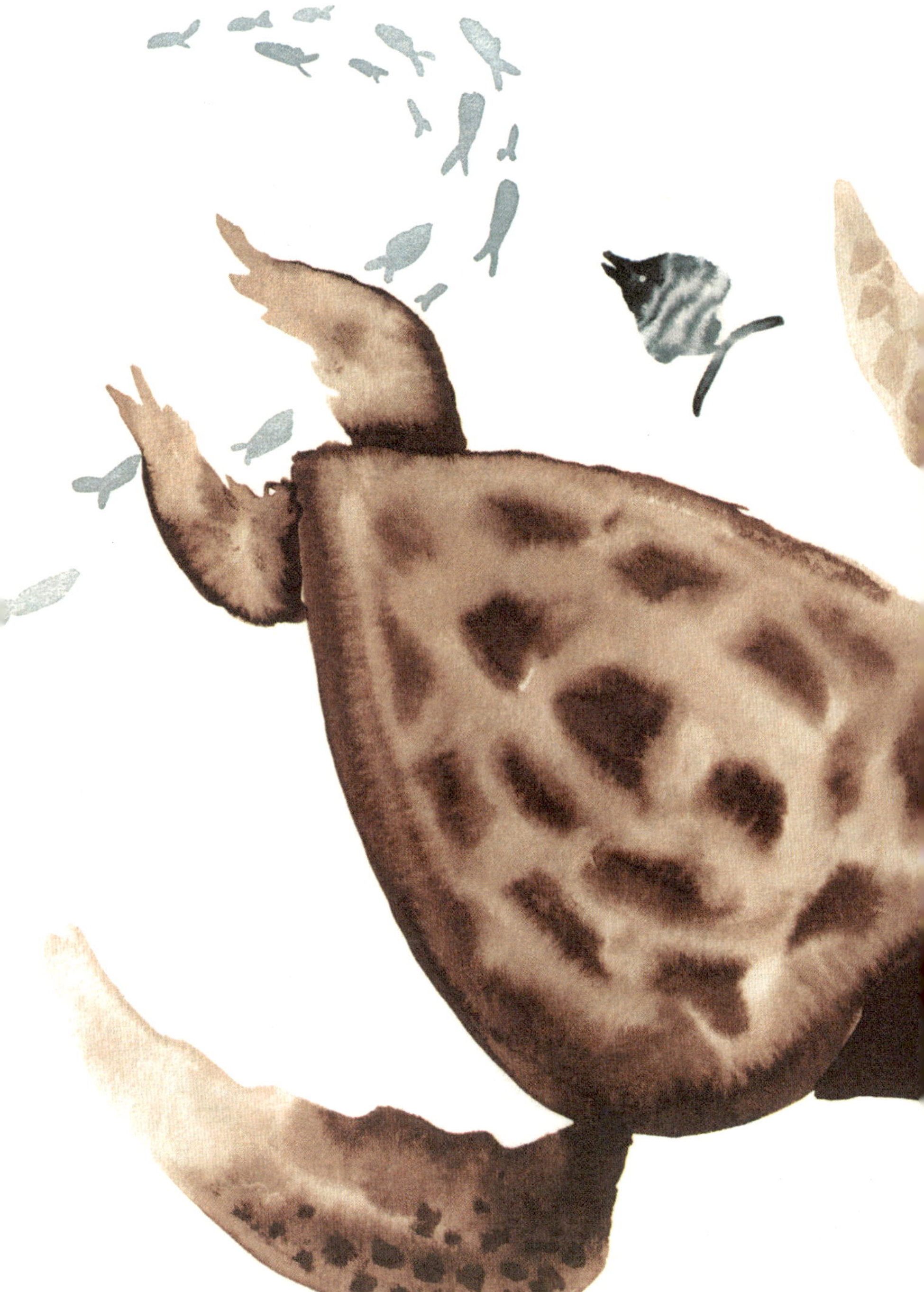

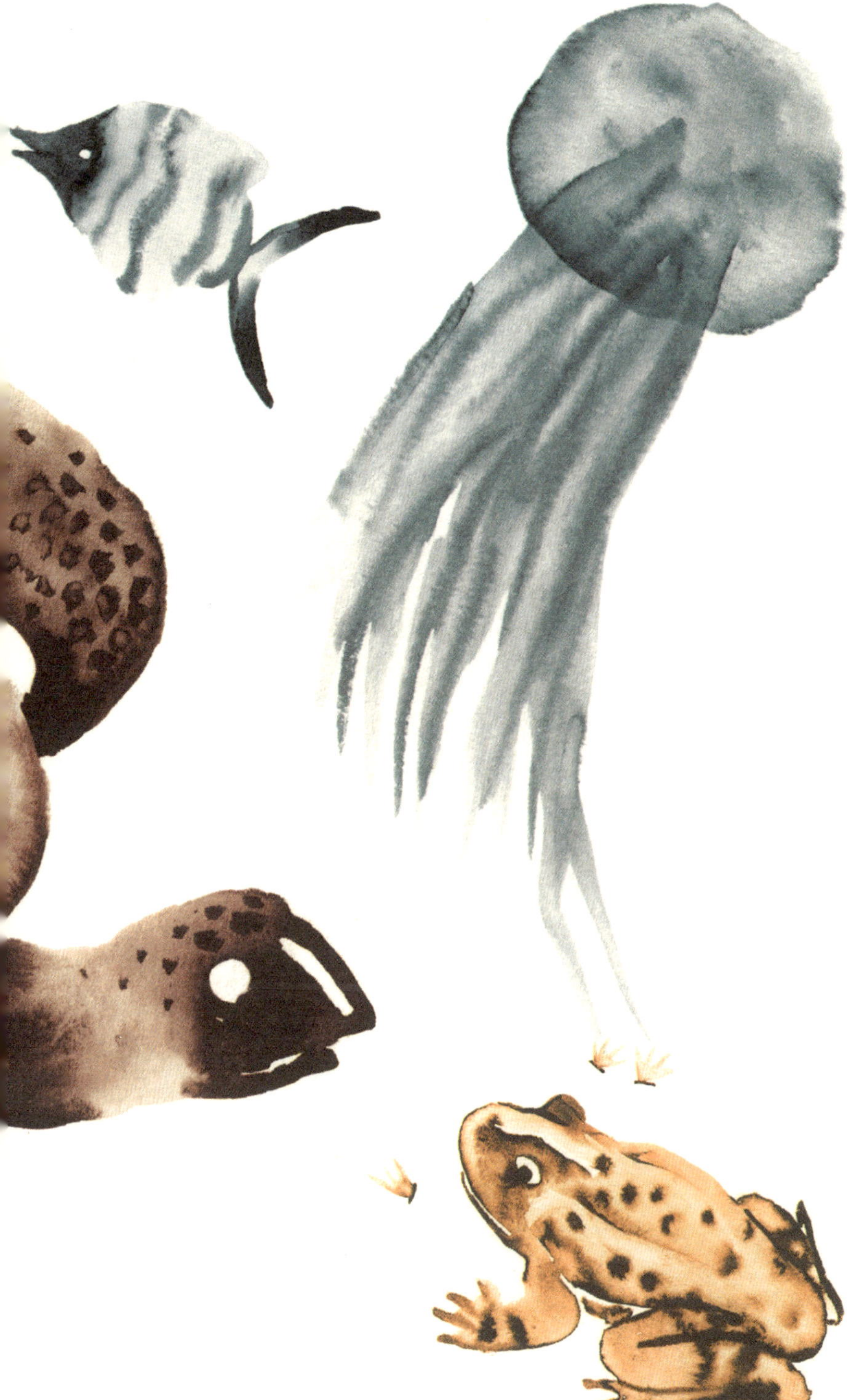

穿过隧道一般的巨大迷宫之后，老子和金猴来到了一座地下湖。金猴一边蹦蹦跳跳地在前面领路，一边示意老子往前看。在湖中央阵阵涟漪间，有一朵巨大的莲花绽放在黑色的水面上。莲花一片一片展开它柔软的花瓣，在岩壁上反射出缤纷灿烂的颜色。老子从没见过如此美丽的莲花。

顷刻间，花瓣枯萎，逐片凋落在湖面。最后一片花瓣消失时，老子落下一滴泪水，泪珠滑落到他的胡须里，像花瓣一样消失不见了。可没过多久，又一朵莲花在湖中骤然绽放，美丽更甚之前。

老子问猴子："我们这是在哪儿？"

金猴一副调皮的模样，瞧了他一眼，然后回答：

你不知道吗？我们所处的地方正是你的内心。
莲花是你生命中不断诞生又逝去的时刻。
人类啊，总是用尽办法衡量时间，
可你要知道，生命的长度是用一朵朵莲花来计算的。

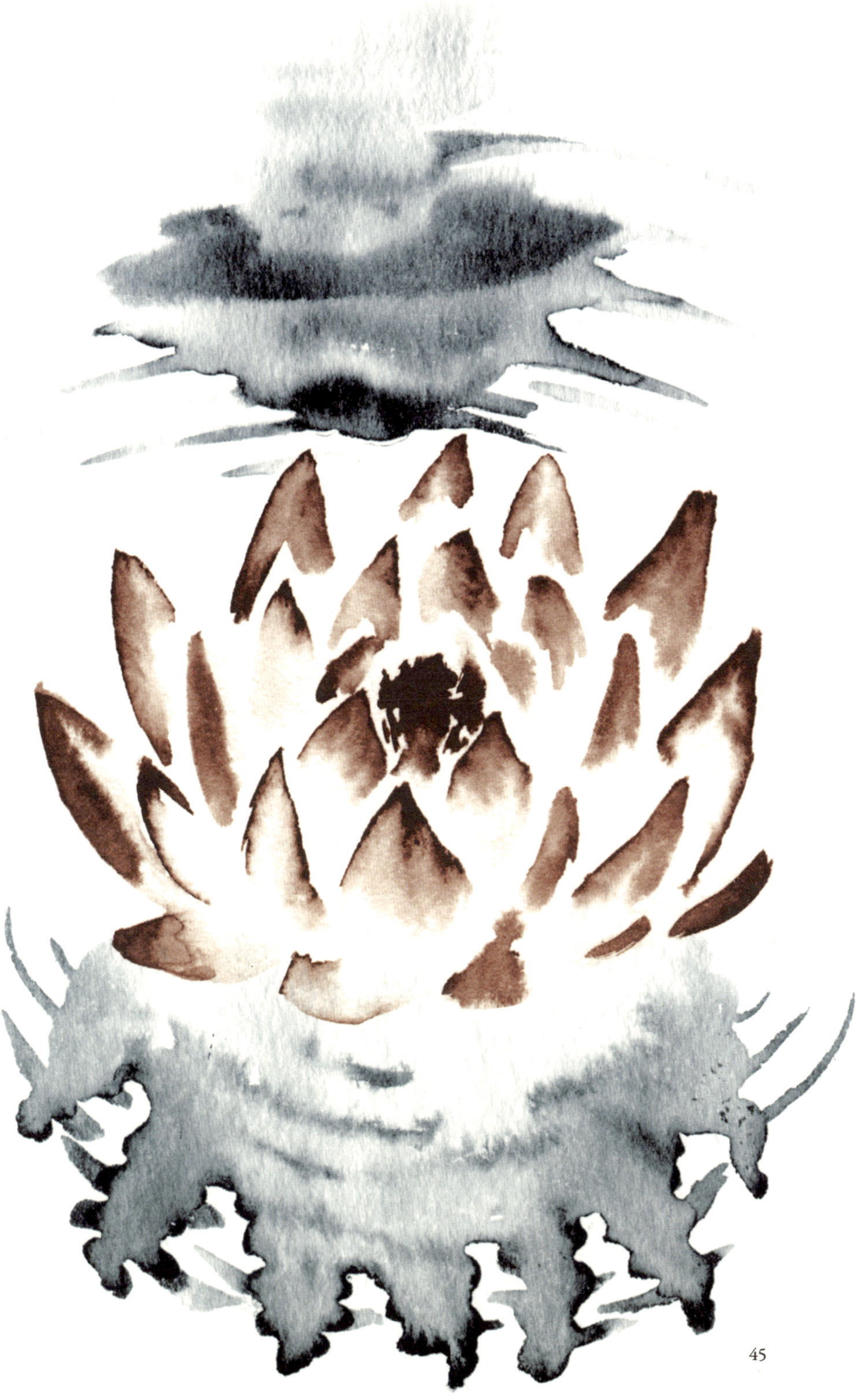

老子久久凝望着眼前美不胜收的一幕。他曾学过以前的天子们所谓的道，懂得什么是正直、善意之举，能明辨异与同，分清自然与非自然，知晓可能的事其实就是不可能的事；但这一切都是表象，他眼前看到的才是世间万物本来的模样。

金猴说：

大业已成之时，就是退隐之时。

47

48

老子走出洞穴的时候，看到一个影子，还以为是金猴在洞口等他。可那影子并非一身金色绒毛、满脸狡黠的猴子，而是一个穿着破旧披风、满脸皱纹的人，正在冲他微笑。老子从来人那庄重的神态认了出来，他正是过去在周王宫中见过的可敬的孔子。

孔子向他作揖后说："我寻找道已近五十载，可至今没有找到。"

"孔圣人，能告诉我你是在哪里寻找道的吗？"老子问。

孔子微微一笑，略带苦涩地说："我在礼教、历史中寻找道，在艺术、音乐中寻找道，在典籍、算术中寻找道，我用了最复杂的方法，却一无所获，于是我开始研究阴阳之说。"

"如果说人只是宇宙中微不足道的一小部分，那么人怎么能号称要衡量宇宙？"老子问道，"放弃所有科学，放弃知识本身，寻找最极致的'虚无'。回到本根，你就能重归清净；重归清净，就能复归生命；复归生命，你就能认识恒定不变的规律；认识恒定不变的规律，就能有包容之心；有包容之心才能公正；公正才能让天下归心，天下归心符合天意，符合天意就是符合道。"

孔子感叹道:"老子啊,你真是拥有龙的智慧!"

"你让我教你什么是道,可我们所称的道究竟是什么?"老子继续说,"应该把道分成天之道与人之道。天之道,是主动的无为;而人之道,是予以限制的有为。我们不能把天之道与人之道相提并论,两者相差太大。如果人能将道献予他人,人人都会将道献予国君。如果人能利用道,人人都会将道用在父母身上。如果人可以传播道,人人都会将道传给子孙后代。你所寻找的智慧并不在典籍之中,因为典籍也是人写的,而你所渴求的是天之智慧。典籍是我们的前人留下的痕迹。孔圣人啊,你的书也不过是留下的痕迹。一只鞋也能留下痕迹。可痕迹就一定是鞋吗?"

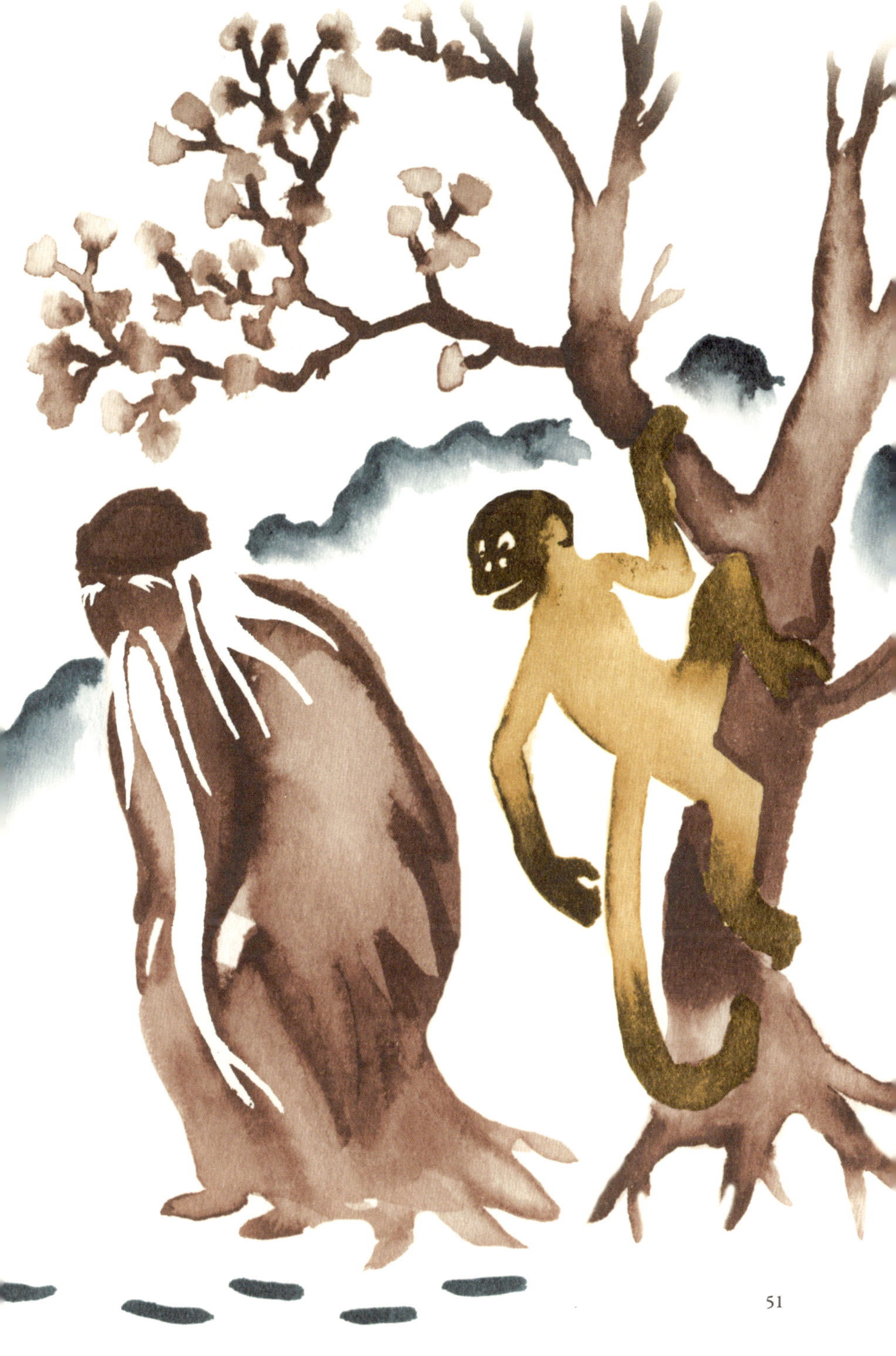

老子指着身边的竹子和飞鸟。万物都随着时间的流逝逐渐成熟，不可逆转。

"万物都在变化，可谁知道事物为什么变化？怎样才能参透变化？究竟哪里是开始？哪里又是终结？"他问道。

孔子听着他的话陷入了沉思，随后回答："鸟儿孵蛋，鱼儿产卵，毛毛虫化茧成蝶。我们已经太久不关注这些变化了。不懂得这些变化的人，又怎能改变人呢？"

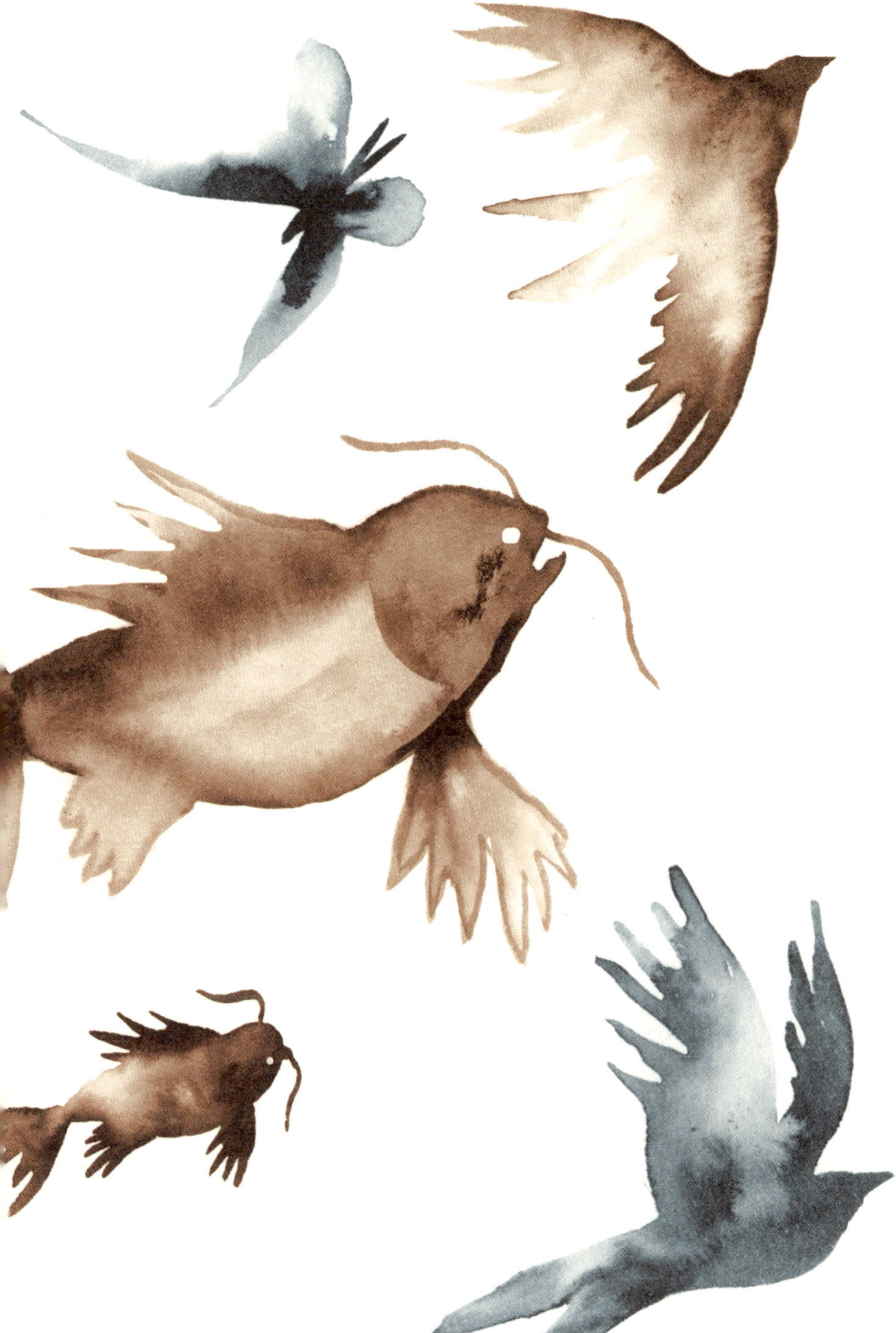

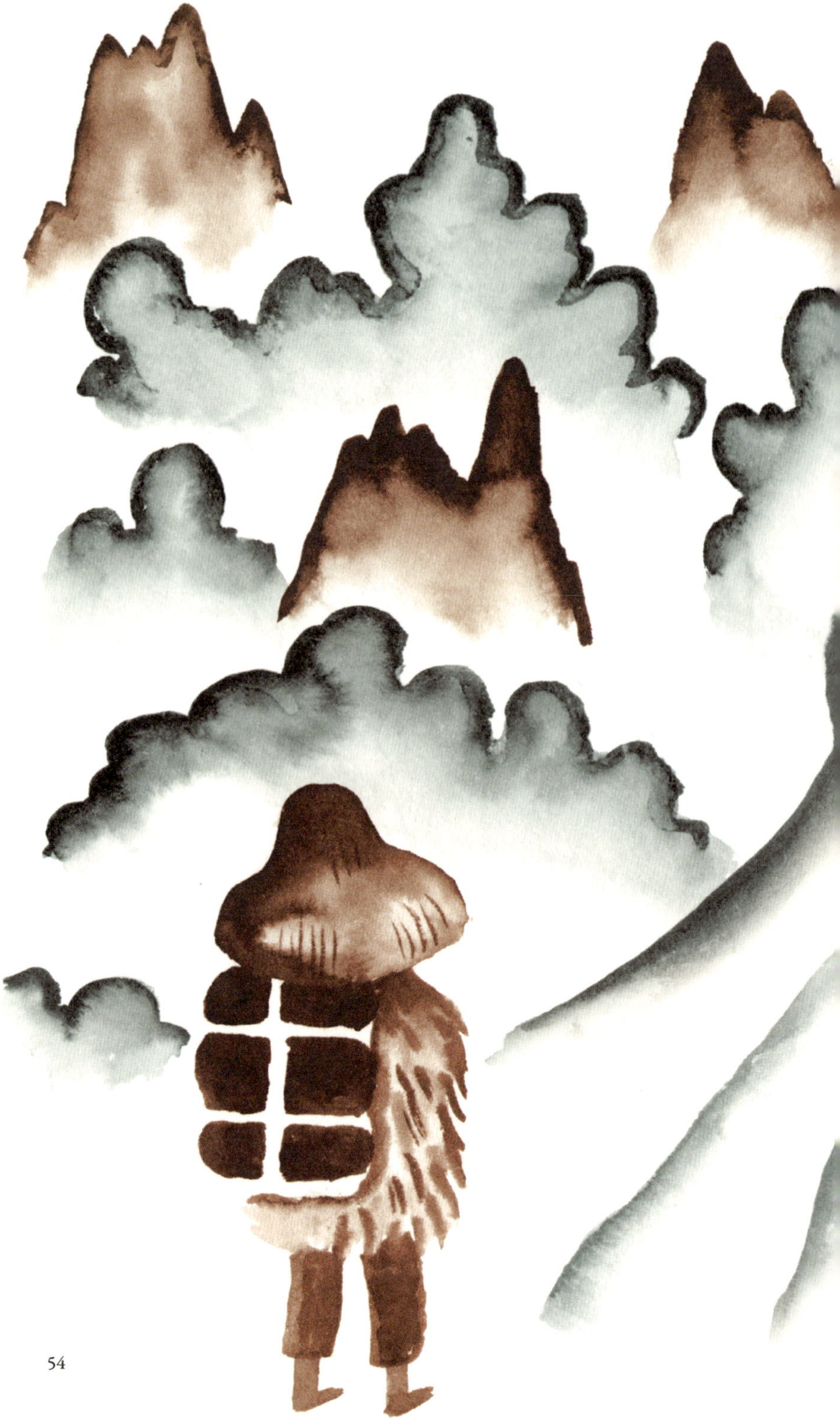

据说孔子留在了洞口，几个月都没有吃过熟食。他左手捏一根干树枝，当成小棍，边敲边唱着长久以来被人遗忘的曲调。这曲子没有音符，也没有旋律。一天，一个农夫路过洞前，问他在做什么。

"上好的绫罗绸缎也会化为破布。"孔子回答，"想躲开上天的考验很容易，要想躲开人的恩惠却很难。始即是终。天与人是一致的。"

农夫挠了挠头，以为碰到个疯子。

"不懂即为懂。"孔子喃喃低语。

最后几缕微弱的阳光照在干旱的广阔平原上,这一切都被一个叫关尹子的人尽收眼底。他是一名守护边关的关令。白天很是无趣,没什么人路过边疆这片荒凉的地方。忽然,有个人影出现在始终不变的风景中。关尹子眯起眼睛,看到一个人骑在牛背上,周围尘土飞扬。

来人走到面前时,关尹子问道:"这位老先生,您再往前走就出了天子保护下的国土了。您离开先人的土地,这是要去哪儿?"

"我想离开我的弟子,他们终日坐在树荫下,争论没有结论的问题……"老行者笑了。

关尹子不敢相信自己的耳朵。这位老行者莫不是传说中消失了五十多年的老子？他用颤抖的声音问道：

"先生，您真的要离开这里吗？那世人将永远无法获得您的智慧了！"

"你看看这片沙漠，"老子低声说道，"看看这些永远在运动之中的沙丘。这世上没有任何智者能比这些沙子和沙丘带给你更多教诲。"

关尹子拜倒在老子面前："尊敬的先生，我只是天子手下一名身份卑微的关令，但我平日里也会吟诗作赋。我内心对于美还是颇为敏感的。虽然我不够资格，但可以仍然请求您留下宝贵的教诲吗？它可以照亮我心灵的深处，您离开之后，我也会一直思考下去。"

老子沉思片刻，随后同意在牛背上写下他的思想，写成的集子被他取名为《道德经》，一共只花了不到一个时辰。

　　他完成以后，把卷轴还给关尹子。关尹子满心欢喜：

　　"先生，我能现在就读一遍吗？就在您面前读，我怕会认错字。"

　　"你读吧，清楚大声地读出来。"

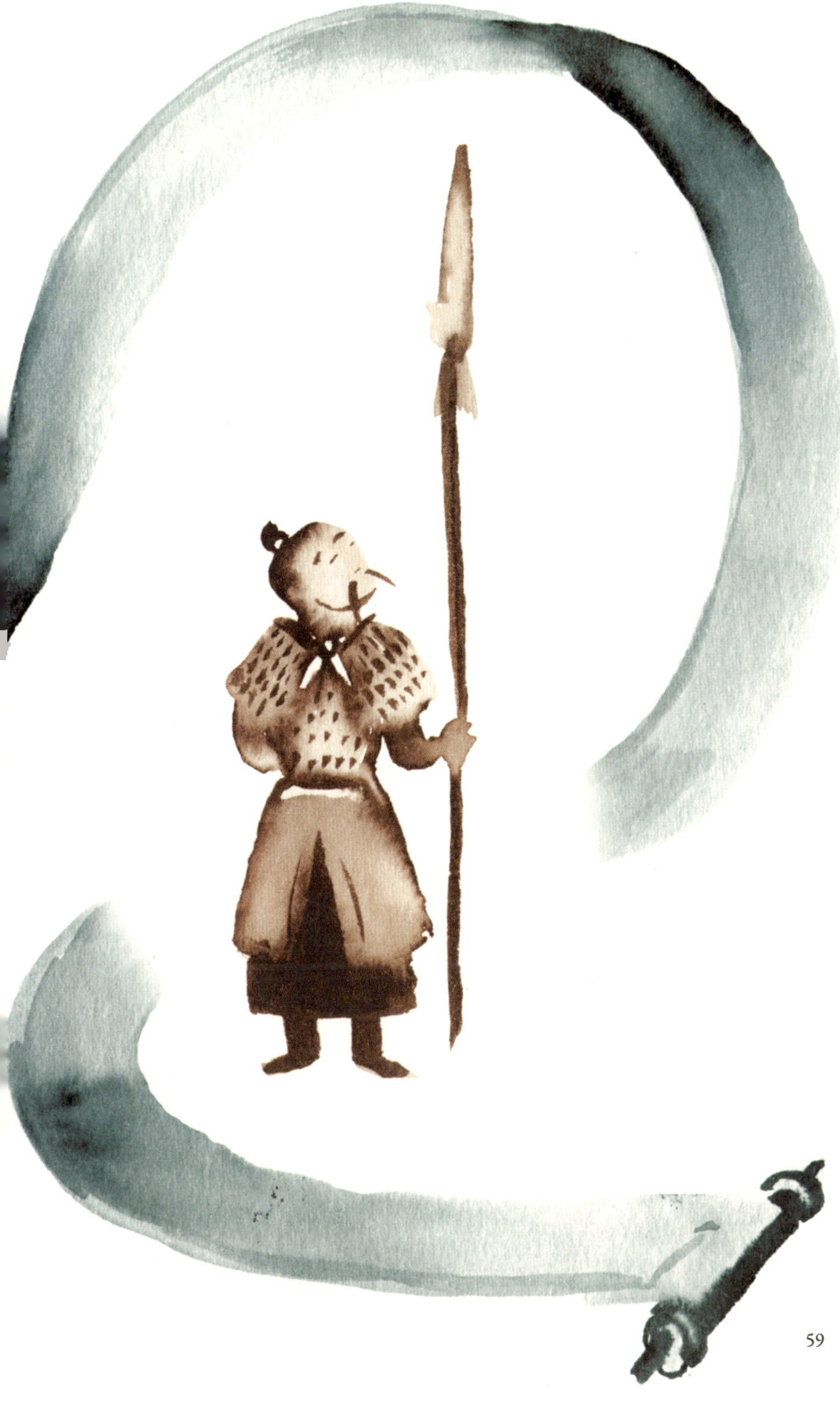

关尹子刚开始犹犹豫豫，害怕犯错，但是很快，他便自信地读了起来。当关尹子放声朗读之时，老子细心地聆听，看上去对自己的作品很是满意。当年关尹子在函谷关朗朗诵读的著作恐怕非常非常难懂，因为从那天开始，千百年来各个朝代的文人才子一直都在尝试读懂《道德经》。

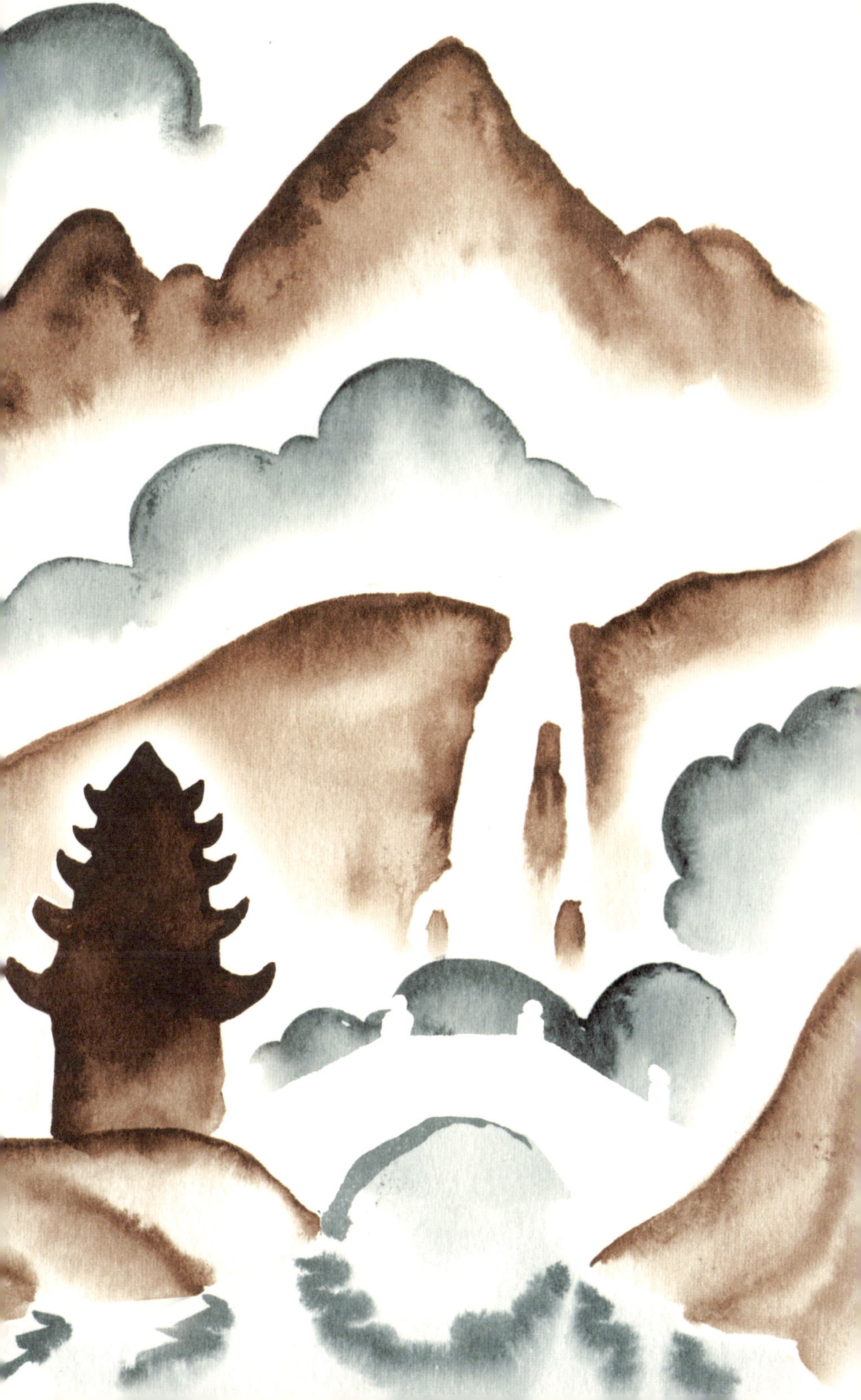

哲学小知识

《道德经》

《道德经》传说是春秋时期的老子所创作,是道家哲学思想的重要来源,也是中国哲学史上一颗璀璨的明珠。全书包括《道经》和《德经》两篇,仅五千多字,语言精练,但却包涵广博。

上善若水

在《道德经》中,老子提到"上善若水",以水来比喻高尚的品德。水滋养万物却不和万物争高低,它总是独自朝着低洼处流淌,有谦卑之德;看似柔软,却能广纳百川,以柔克刚。在书中,老子遇到的河神也称水拥有至高的美德。

老子和孔子

孔子是春秋时期儒家学派的创始人,也是中国古代一位伟大的思想家、教育家。孔子及其弟子的言行语录和思想被他的弟子和再传弟子们记录下来,整理编成《论语》一书,成为儒家的经典著作。相传,孔子曾数次向老子问礼,不过在历史上两人是否真的有过会面,我们还不得而知。

无为而治

在故事中,孔子曾和老子关于"无为"展开了一场辩论。老子回答说,所谓的无为不是什么都不做,而是不过多地妄加干预。"道"是无为的,但是"道"有规律,要遵循事物的自然规律去行事。

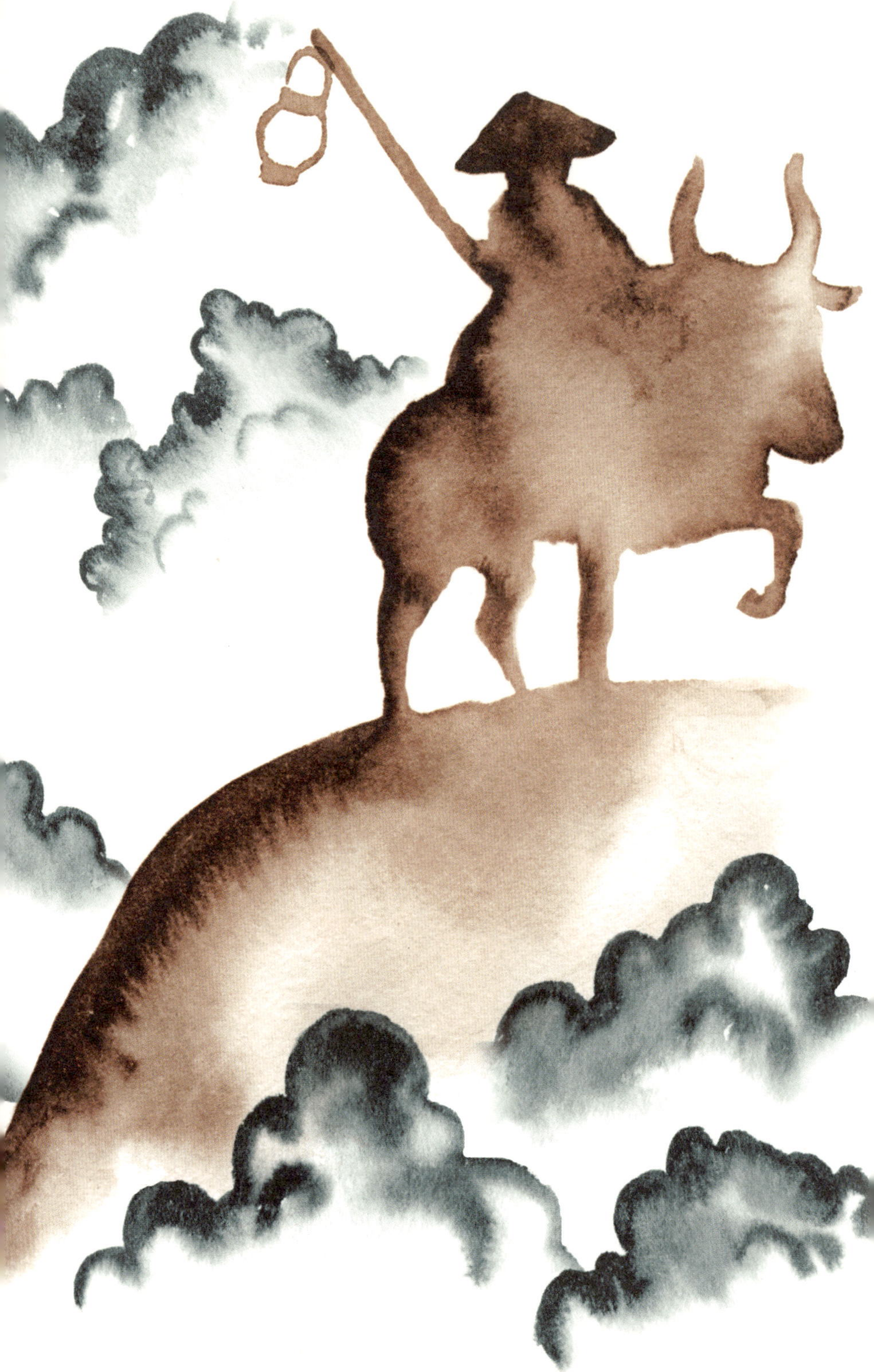

图书在版编目（CIP）数据

老子的智慧之道 /（法）米里亚姆·亨科著；（法）热罗姆·梅尔–毕什绘；张璐译. — 广州：广东教育出版社，2024.3

（小柏拉图）

ISBN 978-7-5548-5554-6

Ⅰ.①老… Ⅱ.①米…②热…③张… Ⅲ.①老子—哲学思想—少儿读物 Ⅳ.① B223.1-49

中国国家版本馆 CIP 数据核字 (2023) 第 209075 号

Lao-Tseu ou la Voie du dragon
Copyright © Les petits Platons, Paris, 2011
Design: Yohanna Nguyen
Translation copyright©(2023)by GINKGO BOOK
This edition was published by arrangement with Wubenshu Children's Books Agency. All rights reserved.

本书中文简体版权归属于银杏树下（上海）图书有限责任公司
著作权合同登记号图字：19-2023-264

老子的智慧之道
LAOZI DE ZHIHUI ZHI DAO

著　　者：[法]米里亚姆·亨科
绘　　者：[法]热罗姆·梅尔-毕什
译　　者：张璐
出 版 人：朱文清
策划统筹：卞晓琰　周　莉
项目统筹：尚　飞
责任编辑：刘　甲
特约编辑：周小舟　宋燕群
责任技编：佟长缨
装帧设计：墨白空间·李　易
责任校对：罗　莉
出版发行：广东教育出版社
　　　　　（广州市环市东路 472 号 12-15 楼　邮编：510075）
印　　刷：天津联城印刷有限公司
　　　　　（天津市宝坻区新安镇工业园区 3 号路 2 号　邮编：301825）
开　　本：889 mm × 1194 mm　1/32
字　　数：25 千字
印　　张：2.25
版　　次：2024 年 3 月第 1 版
印　　次：2024 年 3 月第 1 次
书　　号：ISBN 978-7-5548-5554-6
定　　价：30.00 元

后浪出版咨询（北京）有限责任公司版权所有，侵权必究
投诉信箱：editor@hinabook.com　　fawu@hinabook.com
未经许可，不得以任何方式复制或抄袭本书部分或全部内容
本书若有印、装质量问题，请与本公司联系调换，电话 010-64072833